AF562430

LETTRE
DES VÉNÉRABLES FRERES ANTI-POLITIQUES
ET DE L'ABBÉ RIVE,

Présentée à MM. les Commissaires du Roi, dans le Département des Bouches-du-Rhône, le 13 Janvier 1791, avec une autre Lettre du même Abbé Rive, aux mêmes Commissaires.

A NOSOPOLIS,

Chez les Freres de la Miséricorde.

LETTRE

DES VÉNÉRABLES FRERES

ANTI-POLITIQUES

ET DE L'ABBÉ RIVE,

Présentée à MM. les Commissaires du Roi, dans le Département des Bouches-du-Rhône, le 13 Janvier 1791, avec une autre Lettre du même Abbé Rive, aux mêmes Commissaires.

MESSIEURS,

Quoique nous ne soyions que le dernier corps de cette Ville, presque toute Aristocrate, à venir vous présenter nos respects, & vous porter le tribut de notre reconnoiſſance, pour avoir eu le courage, la bonté, & la juſtice de vouloir venir écouter nos plaintes, les étouffer pour toujours, & réduire les Municipaux & les autres corps Adminiſtratifs qui ſont nos propres enfants, & qui nonobſtant la filiation qu'ils nous doivent, nous immolent ici, par défaut de bonne Police, aux Loups-garoux qui nous dévorent tout entiers, (1) qui nous maîtriſent par la verge la plus dure, (2) qui inſultent à la ſageſſe de nos pétitions, (3) & qui en faiſant ſemblant de nous conduire par les Décrets de notre Auguſte Aſſemblée Nationale, permettent que la

---

(1) Le défaut de police qui regne ici par rapport au corps des Boulangers, aux nouveaux Chaircuitiers, &c. nous met ſous la plus grande oppreſſion, & nous livre en proie à leur *argyromanie.*

(2) Nous ſommes très-fâchés d'expoſer dans nos plaintes la cruelle & tyrannique maniere dont l'ancien Maire & l'ancien Municipal Perrin ſe ſont conduits contre deux de nos membres. Ils les ont fait appréhender au corps ſans aucun décret, ſans aucun ſigne de malverſation, & les ont retenus onze jours dans les priſons, avant de les décreter. Le décret de priſe au corps qui eſt intervenu après, n'a ſorti aucun autre effet que celui de les relâcher & de les mettre en liberté.

A cela nous obſervons que les tyrans que nous avions autrefois ici, ſous le nom de Parlement, ne ſe conduiſoient pas avec plus d'empire & d'atrocité.

(3) Quand nous fumes préſenter à la Municipalité notre premiere pétition ſur la rayure de l'inſcription qui eſt mentionnée dans la lettre que nous vous préſentons, il y eut un de ſes membres, que nous ne vous nommons pas par ménagement à ſon égard, qui nous demanda ſi, en liſant notre pétition, il la liroit devant nous en Provençal ou en François, ſignifiant par-là qu'il ne nous ſuppoſoit pas le ſens commun.

plupart d'entre eux restent sans exécution, (4) nous nous présentons aujourd'hui à vos yeux, & nous vous prions, avec les plus grandes instances, d'écarter toute prévention, & de ne nous juger, dans les écrits que nous vous offrirons, soit pour le passé, soit pour le futur, que comme des êtres célestes, c'est-à-dire, des Juges véritablement impartiaux.

Nous nous appellons les freres *Anti-politiques*, c'est-à-dire, les freres *vrais, justes, & utiles à la Patrie.*

Nous esperons donc de vous, Messieurs, que vous ne vous revêtirez à notre égard, que du même titre que nous portons.

Vous avez à faire ici, Messieurs, de très-grandes réformes contre tous les Corps Administratifs & Judiciaires, & sur-tout contre la Municipalité & les Juges.

Nous vous apportons une lettre imprimée, qui est le dernier morceau d'impression, que l'Ange tutélaire de notre défense a publié, & qu'il a envoyé à Paris, depuis plusieurs jours, à Camille Desmoulins, & depuis le premier de l'an, à M. le Garde-des-Sceaux, ainsi que divers autres ouvrages de sa plume, imprimés depuis Septembre dernier.

Vous y lirez, Messieurs, les plaintes PIQUANTES que la Municipalité & les autres corps Administratifs, qui veulent se conduire en Aristocrates à notre égard, nous ont occasionnées.

---

(4) Vous en verrez une preuve très-frappante dans la lettre des Freres *Anti-politiques* que nous vous apportons.

La rayure qui y est mentionnée nous est accordée depuis plus d'un mois & demi. Le District & la Municipalité n'ont encore rien ordonné pour l'exécution de la Délibération où cette rayure est décretée.

Ces plaintes PIQUANTES (5) ſuppoſent, des pétitions antérieures beaucoup plus douces & plus reſpectueuſes que nous leur avons faites auparavant, & dont ils n'ont tenu aucun compte.

Ces mêmes Corps & nos Juges d'aujourd'hui doivent verſer des larmes de ſang ſur l'irritation univerſelle qu'ils ont cauſée à preſque tous les Peuples des Villages & des Villes voiſines de tout ce Département, lorſque ces mêmes lieux ont eu appris ſur le champ que le Monſtre qui fomentoit ici une conjuration des plus affreuſes, devoit répandre dans cette ville, la veille de Noël derniere, de très-vaſtes ruiſſeaux de ſang par la léthargie totalement inactive, imprévoyante, pour ne rien dire de plus, & meurtriere de tous les corps qui nous préſident.

Nous avons eu beau repréſenter à ces corps, dans différentes pétitions que nous leur avons faites, qu'ils expoſoient la Patrie aux plus grands dangers en ne faiſant pas ſaiſir depuis le 27 Septembre dernier l'incendiaire *Paſcalis*, ils ſe ſont toujours moqués de nous à la Municipalité de ce pays, & ont eu même l'audace de faire ſemblant de s'emparer contre lui d'un pouvoir que nous ne lui avons pas remis en la créant, qu'elle n'a jamais eu ſous l'ancien Parlement, & qui eſt totalement contraire au Décret du 21 Octobre de notre Auguſte Aſſemblée

---

(5) Ces plaintes PIQUANTES. . . . Ce n'eſt pas nous qui les appellons ainſi; nous ne leur donnons d'autres noms que ceux de plaintes très-juſtes.

Nous ne les nommons plaintes *piquantes* que pour bien faire obſerver au Public impartial, & véritablement Démocrate & Démophile, combien les membres Ariſtocrates de nos adminiſtrations ſe ſentent déchirés pour les avoir ſi bien méritées.

Nationale, par rapport à la Municipalité de Befort, de façon qu'on peut accufer cette même Municipalité de l'avoir lanterné elle-même indirectement en ruant fur lui tout le peuple des environs.

Nous ofons même encore le dire en notre honneur & gloire, que plufieurs d'entre nous, & furtout l'incomparable chef qui veut bien nous communiquer fes avis, avons manqué perdre la tête la veille de cette pendaifon pour avoir eu la magnanimité de porter à l'Affemblée de notre Département (6) la lettre imprimée que nous vous remettons aujourd'hui, tant le peuple étranger qui étoit accouru ici pour avoir la tête du fcélérat *Pafcalis*, étoit fâché contre nous à caufe que nous ne condefcendions pas, par cette même lettre qui en demandoit la traduction à notre Augufte Affemblée, aux propres defirs qu'il marquoit de connoître tout vite fa correfpondance, (7) & de fouftraire

---

(6) On jugera de notre magnanimité qui nous a toujours retenus dans le plus grand refpect pour les auguftes décifions de notre affemblée nationale, par l'apport de cette même lettre qui eft aujourd'hui fous vos yeux, à la veille du plus grand foulevement du peuple étranger qui étoit affiué ici.

(7) C'eft cette même correfpondance qui avoit déja tranfpiré en total (le 13 du mois paffé, dans cette Ville & dans tout le voifinage, qui échauffoit fi fortement les efprits, qui avoient très-peu de confiance aux Municipaux & aux Juges de cette Ville.

En effet quelle confiance pouvoit-on avoir aux Municipaux, puifqu'ils avoient ufurpé un pouvoir déraifonnable pour fouftraire le fcélérat *Pafcalis* à la pendaifon qu'il méritoit fi bien, pourvu qu'il eut été décreté auparavant par les loix nationales!

Quelle confiance pouvoit-on avoir encore aux nouveaux Juges qui, auparavant Municipaux, l'avoient décreté de fim

tant de têtes innocentes aux barbares couteaux que les malheureux Aristocrates de ce pays tenoient encore suspendus pour quelques jours sur elles.

Nous vous donnerons, Messieurs, au premier jour la liste de nos plaintes, & ce sera sur-tout après que vous nous aurez fait exhiber par grace, & sans aucune obligation de votre part, une copie

---

ple ajournement, comme si le crime d'un incendiaire de la Patrie ne méritoit que ce décret.

Ces mêmes Juges sont venus de leur Tribunal à la Municipalité le même jour que le vice-Maire d'aujourd'hui l'a interrogé à sept heures & demie du soir, sans que le public de cette ville eut été informé de sa venue à l'hôtel-de-ville, de son interrogatoire, & sans que cet interrogatoire ait été encore imprimé. Ils sont venus, dis-je, se cacher dans un appartement qui étoit contigu à celui où cet incendiaire étoit interrogé, & dans lequel le vice-Maire venoit, après chacune de ses demandes, prendre leur avis.

Est-ce que des Juges éclairés, véritablement impartiaux auroient dû agir ainsi ?

La Municipalité, comme nous le disons dans notre lettre déja citée, étoit-elle compétente pour completter son information contre le monstrueux *Pascalis*, pour le décreter ensuite & pour l'interroger à la suite de son décret ?

Si les Juges d'aujourd'hui n'eussent voulu favoriser ce coupable, n'auroient-ils pas différé un pareil interrogatoire, jusqu'à leur mise en possession dans leur place, pour le citer eux-mêmes devant leur Tribunal ?

N'est-ce pas ce que l'assemblée nationale a elle-même décreté le 21 Octobre dernier, contre les criminels de lese-nation à Befort.

Le commencement de l'information contre de pareils criminels, s'il appartient à la Municipalité, le reste ne doit-il pas en être continué, comme le dit ce décret, *pardevant les Juges de la ville à laquelle les Municipaux appartiennent, jusqu'au decret inclusivement*, *pour être le procès*, sur lesd. informations, fait & parfait aux coupables, par les Juges auxquels sera déférée la connoissance des crimes de lese-nation ? Voy. ci-dessus la même lettre, pag. 4.

des pouvoirs que vous avez reçus de M. le Garde-des-Sceaux, afin d'y conformer nos pétitions.

Au reste, nous vous avertissons que nous avons de très-justes exceptions à faire de quelques Membres de la Municipalité, du District, du Directoire, du Département, & encore plus de son assemblée générale, auxquels nous sommes dévoués, & que nous avons envie de bien aimer.

Nous sommes,

MESSIEURS,

Avec la plus grande cordialité, la confiance la plus sûre, l'estime la mieux sentie, & le dévouement le plus parfait,

Vos très humbles & très-obéissans Serviteurs,

Les Freres Anti-Politiques. Et L'ABBÉ RIVE.

Du 13 Janvier 1791.

LETTRE

ECRITE par le même Abbé RIVE aux mêmes COMMISSAIRES, le 14 du même mois, & imprimée aussi dans la même Ville, chez les mêmes Imprimeurs.

Cette Lettre est suivie de la véritable copie de l'originale qu'il a écrite à DESMOULINS, le 22 du dernier mois, différente en quelques endroits, de celle qui est dans son N°. 59.

Le 19 de l'an 1791.

LETTRE
DE
M. L'ABBÉ RIVE
A
MM. LES COMMISSAIRES DU POUVOIR EXÉCUTIF.

MESSIEURS,

L'Hémiplegie dont je fus attaqué à Paris le 19 Août 1786, m'engagea à retourner au mois de mai de l'année suivante, en cette Ville, où l'air est beau, moins pesant, & où j'avois été invité à Paris même par Jean-de-Dieu Boisgelin, Métropolitain de cette Capitale de l'ancienne Provence, à venir régir la Bibliothéque qui avoit été léguée à cette même Province, & qui, par les forfaits les plus atroces des anciens Procureurs du Pays, ces vrais tyrans, & ces insolens despotes, n'a point encore été érigée depuis près de cinq ans que je suis ici, pour la laisser écumer de tems en tems par divers hommes rapaces, ainsi qu'elle avoit été déja châtrée quelques mois avant que j'y arrivasse.

Cette même Hémiplegie, qui m'occasionne une diabete tous les hyvers, m'empêche d'aller vous rendre mes devoirs, & de vous porter moi-même la longue liste des torts & des suprêmes torts dont le peuple de cette misérable Ville, qui est bien le plus doux & le plus fidellement soumis aux loix nationales, est accablé depuis si long-tems en ce Pays.

Il étoit cruellement vexé, & horriblement opprimé par le dernier Intendant, par le Parlement tyrannique de cette Ville, & par les Procureurs du Pays de Provence, ces mêmes scélérats dont je viens de vous parler, & contre lesquels j'ai dit tant d'horreurr, dans les deux pages de la préface de ma Chronique Littéraire que j'ai l'honneur de vous envoyer, & qui a été imprimée au milieu de Novembre dernier.

J'espere, Messieurs, que si l'on n'a pas retenu à la poste le paquet de livres sortis de ma plume depuis le mois d'Août d'auparavant, & l'adresse que j'ai eu l'honneur d'envoyer à M. le Garde des Sceaux le premier de l'an, vous recevrez de lui une lettre qui vous apprendra à vous défier de plusieurs Membres de nos Administrations modernes, & sur-tout de ceux de notre Municipalité, parce qu'accoutumés depuis long-tems au despotisme des anciens Procureurs du Pays, ils ne peuvent absolument pas l'abandonner, & qu'au lieu de mener le Peuple d'Aix en vrais Démagogues, ils laissent tomber sur lui l'ancienne chaîne pesante des Procureurs du Pays d'autres fois.

Les nouveaux Juges de cette même Ville, pour imiter la tyrannie de l'ancien Parlement, font tombés dans des torts impardonnables dans l'affaire de l'incendiaire Pascalis, ainsi que vous aurez la bonté de l'examiner dans la Lettre imprimée sous la date du 13 du mois d'auparavant, que les Freres Anti-Politiques vous ont présentée hier, & qui l'avoit été déja la veille des pendaisons arrivées en cette Ville, à l'Assemblée générale de notre Département.

Je suis très-certain, Messieurs, que si vous daignez approfondir l'excessive méchanceté qui regne dans cette Ville, vous en trouverez peu dans le Royaume qui, par l'aristocratie simulée qui y regne d'un bout à l'autre, vous présentent une face aussi hideuse.

Cette méchanceté est portée au comble précisément contre moi.

On dit ici depuis votre arrivée : 1°. que comme je n'aime pas les VIOLETS, ou les MITROPHORES, que je dis être DES IMPOSTEURS ou des IDIOTS, dans *ma Lettre vraiment philosophique à l'Evêque de Clermont*, que Desmoulins vante tant dans plusieurs de ses Numéros, je veux y faire assassiner les Prêtres.

2°. Que je fais mes malles depuis huit jours ; 3°. que la tête me tourne; 4°. que mon esprit est totalement en écharpe ; 5°. que les Paysans me nourrissent ici, parce que cette barbare ancienne Province me retient très-injustement mes émolumens depuis plus de deux ans ; que je dois y être assassiné au premier jour.

Tous ces propos, la malheureuse race des Aristocrates ne les fait parvenir à mes oreilles, que pour me mettre en fuite par une terrification dont elle s'imagine très-mal-à-propos que je suis susceptible.

Est-ce que je crains la mort pour me livrer à

l'épouvante ? Quand il vint chez moi, vers la Noël du mois dernier, quatre Députés du Régiment de Lyonnois, dont les habitans patriotes de cette Ville avoïent demandé le renvoi à leur Municipalité, pour me prier, en qualité d'Ange tutélaire de nos *Anti-Politiques*, de faire rappeller leur Régiment en cette Ville, j'eus le haut courage de leur répondre.... Messieurs, voulez-vous ma tête, vous avez des sabres, coupez-la, mais je n'opinerai jamais que votre Régiment revienne ici.

Ainsi jugez, Messieurs, de la maniere dont je prendrai les craintes qu'on veut m'inspirer ici, & jugez en même tems des attroces vexations qu'on voudroit continuer d'y opérer sur ce pauvre Peuple, si je l'abandonnois.

Sommes-nous libres en France, ou la liberté dont on nous y flatte, n'est-elle qu'un leurre ? C'est ce qu'il faut nécessairement expliquer au Peuple.

Si nous y sommes véritablement libres, nous y sommes égaux, parce que nous y sommes tous hommes, & qu'il n'y a point d'homme qui y soit plus homme qu'un autre.

Il ne nous y faut donc que de vrais démagogues, & de justes démophiles.

Vouloir y traiter le peuple en aristocrates superbes & rogues, c'est encourir sa haine, & se préparer un sort peu désirable.

Vous avez été appellés ici, Messieurs, sur la lettre du Président du Département, qui a fait à l'Assemblée nationale une sensation toute différente de celle que cette lettre devoit y causer.

La Société des Amis de la Constitution de Marseille a frémi avec très-juste raison, & une très-forte indignation contre cette même relation.

Elle

Elle en a mandé l'Auteur, qui en eſt membre, elle l'a fait rétracter ſolemnellement vers les premiers jours de ce mois, & elle lui a impoſé le devoir de faire une même rétractation pardevant notre auguſte Aſſemblée nationale.

Jugez encore, Meſſieurs, de la ſévérité de nos bons & intrépides Patriotes de Marſeille.

Ils ont trente mille hommes très-agguerris, & très-diſciplinés, ſous les armes ; ils ſont venus en diligence ici faire rétracter *aux Amis de la Conſtitution* de cette Ville, la délibération qui avoit été priſe par des gens qui ſont trop & très-coupablement affidés à ce Préſident, en ſa faveur, & qui ont même exigé, ſur le requis très-juſte de la ſuprême vérité, qu'ils envoyaſſent des Commiſſaires dans leur propre Société de Marſeille, pour y faire ſolemnellement les mêmes rétractations.

Je vous obſerve, moi, que ce Préſident mérite bien peu de foi dans ſa relation, par ſes inobſervances, que je ne veux qualifier qu'ainſi, puiſqu'après toutes ces rétractations, il a oſé écrire une lettre, le 4 de ce mois, à nos bons Freres Anti-politiques, dans laquelle il ſe félicite de leurs bons ſuffrages à ſon égard, parce qu'ils ont fait auparavant pour lui une délibération un peu apologétique, & dans laquelle il oſe même qualifier ſa rétractation, de réponſes aux calomnies à lui fauſſement imputées.

Vous verrez au premier jour, Meſſieurs, ainſi qu'il faut l'eſpérer, les Meſſieurs de Marſeille, qui viendront vous donner des inſtructions bien différentes de celles dont vous ſerez malheureuſement farcis dans cette maudite Ville.

Je vous jure moi-même en toute vérité, que c'eſt ici un pays ſcélérat, & que je n'en excepte que le nombre qui eſt indiqué à la page 116 de ma Chronique littéraire. C'eſt ce que j'apprends auſſi à M. le Garde-des-Sceaux, dans ma lettre dont je vous ai parlé ci-deſſus.

Une preuve que ce que j'ai l'honneur de vous dire eſt très-vrai, c'eſt l'envoi que je vous fais de mes Lettres Violettes & Purpuracées, & du Mémoire que j'ai été forcé de préſenter, ſoit en manuſcrit, ſoit en imprimé, au Directoire de notre Département.

Je le préſenterai enſuite par vos mains à l'Aſſemblée Nationale & au Roi, ſi je n'obtiens bientôt une prompte juſtice.

Je n'allonge pas davantage, Meſſieurs, ma lettre, & je finis en vous priant ſeulement de conſidérer que les menaces qu'on fait au peuple de la Société des Anti-Politiques, ſont d'autant plus injuſtes, ainſi que la lettre qu'ils vous ont portée hier, vous en convaincra, & d'autant plus exécrablement imaginées, que le Préſident, dont il a été queſtion ci-deſſus, les prend, dans la lettre qu'il leur a écrite, pour des *amis vrais, juſtes & utiles à la patrie.* Donc, Meſſieurs, concluez. Ces mêmes Freres ne peuvent être traités comme des brigands, des hommes atroces, & comme des porteurs de brevet de *lanternation.*

Donc, Meſſieurs, vous devez entiérement reſpuer toutes les indignités dont on voudra infecter vos oreilles contre ces mêmes Freres, & contre celui de leurs membres dont ils veulent emprunter les lumieres.

Je suis,

MESSIEURS,

Avec la confiance la plus sûre, la cordialité la plus profonde, & l'estime la mieux sentie,

Votre très-humble & très-obéissant serviteur,

L'Abbé RIVE.

POST-SCRIPTUM.

MES très-chers Freres, les Anti-politiques, m'ont appris hier au soir entre huit & neuf, vous avoir remis une lettre que je leur ai faite moi-même, & au bas de laquelle j'ai mis mon nom, à la suite de beaucoup d'autres.

J'ai conclu, d'après le peu de paroles que vous leur avez dites, que cette lettre vous avoit été présentée fort à propos, pour vous déprévenir des impressions sinistres & très-fausses, par lesquelles on avoit déja essayé d'écarter vos esprits de la droiture inviolable que votre justice veut indubitablement leur conserver.

Vous avez dit, Messieurs, aux députés des Anti-politiques ; deux choſes principales ſur leſquelles vous me permettrez de vous faire deux obſervations qui vous paroîtront très-juſtes.

La premiere eſt de ne pas ſe laiſſer conduire *par des eſprits qui peuvent les mettre dans l'erreur.*

J'oſe vous aſſurer, Meſſieurs, que c'eſt moi qui les dirige dans toutes les motions principales qu'ils changent enſuite en pétitions devant tous nos corps Adminiſtratifs. Vous recevez quatre de mes ouvrages, ayez, Meſſieurs, la bonté de les comparer avec les juſtes reproches qui ſont conſignés dans la lettre des Vénérables Freres Anti-politiques ſur les menagemens indignes, que ces mêmes corps & nos Juges actuels ont eu pour l'exécrable Paſcalis, & ſur les pouvoirs que la Municipalité a uſurpé au peuple en le jugeant juſqu'à ſon interrogatoire, & prononcez ſans trembler ſur le côté d'où viennent les erreurs.

Vous me verrez moi dans cette lettre tel que je me ſuis montré à la France entiere dans ma *lettre vraiment philoſophique à l'Evêque de Clermont*, où je prophétiſe à la Nation (depuis le mois de Mai dernier,) tous les incendies qui la ravageront, & qui l'ont déja ravagée en partie.

Sçachez, Meſſieurs, je vous en prie, que je ſuis ici le ſeul arc-boutant du peuple contre les Ariſtocrates, & que ſans mes vues lointaines & très-lointaines notre Provence nageroit depuis long-tems dans le ſang, ſi je n'euſſe inſpiré par une inſpiration, comme ſurnaturelle lorſque nos deux ſociétés ſe réunirent ici, la même nuit qu'elles furent inſultées, & attaquées à coups de piſtolets & de ſabres, comme le Préſident de ce Département l'a rapporté dans ſa relation, commençante à la nuit du 12 Décembre dernier, & finissante environ à deux heures après midi du mardi suivant, à ces deux mêmes Sociétés qu'elles ne verroient jamais le calme dans cette Provinc , si elles n'alloient saisir cette nuit même l'incendiaire Pascalis, pour lequel toutes les administrations de ce Pays, & les Juges mêmes avoient des menagemens si indignes, qu'ils insultoient toutes les loix nationales, & le jetter aux fers dans les prisons Royaux, pour le traduire ensuite dans celles de St.-Germain-des-Prez, ainsi que vous devez l'avoir lu dans la lettre du 13 des Vénérables Freres Anti-politiques.

Je suis seul ici pour ma défense; mais j'ai cent mille raisons qui combattent pour moi.

Tous les écrits que je vois fabriquer ici par ces mêmes Administrations & ceux de la Société des amis de la Constitution de cette ville, avec lesquels nous sommes si fortement liés, sont tous repréhensibles, & elles doivent m'avoir une grande obligation de ne pas les relever tous parce que j'aime extrêmement la tranquillité des méchans ou des foibles, comme celle des gens vertueux ou des forts (1).

---

(1) Le Verbal des Suisses prouve invinciblement l'horrible foiblesse avec laquelle la Municipalité & certains membres du Département ont raconté ou fait raconter l'affaire des prisons.

Cependant c'est très mal-à propos que Desmoulins dit dans son n°. 57, pag. 210, que les *portes des prisons ont été brisées*. Il ne s'est pas conformé aux mots qui sont dans la rélation du président du Département, & qui sont conçus ainsi :

Prenez bien garde, Messieurs, je vous en conjure, de ne pas vous laisser duper par la fourmiliere des Aristocrates qui sont ici.

Plusieurs Officiers Municipaux en écharpe, & la plusspart des Administrateurs se sont rendus aux prisons pour rétablir le calme; ils ont été sans puissance, & sont même dévenus suspects au peuple. Voy. la pag. 4 du N°. 549 du Journal des Débats.

Cette relation n'est pas assez motivée & assez circonstanciée, d'après tout ce qu'il falloit ajouter sur les peuples des villages & des villes voisines qui étoient accourus ici depuis peu de momens après la prise du scélérat Pascalis.

Pour bien peindre l'impuissance où se trouvoient alors les Municipaux & divers Administrateurs de cette ville, pour arrêter les demandes violentes que ces étrangers faisoient de la tête du chef des conjurés, il falloit ne pas oublier leur énorme affluence dans cette même ville, qui y lioit les bras de notre garde-nationale, des Marseillois qui étoient venus pour son secours, de quatre cens Suisses qui les y avoient dévancés, & des Maréchaussées qui auroient été requises.

Le pavé de cette Cité étoit, depuis environ trente heures, inondé par tant de pieds étrangers, que les habitans qui vouloient le parcourir, se portoient les uns sur les autres dans toute sa péripherie intérieure, & que l'arrangement des troupes y étoit devenu absolument impossible pour y publier la loi martiale.

D'ailleurs la publication de cette loi du 21 Octobre 1789 regardoit-elle les attroupemens, tels que cette même loi les présente ?

Il s'agissoit du SALUS POPULI SUPREMA LEX ESTO : falloit-il donc écraser presque tous les peuples d'un Département, pour faire subir à un forcéné les formes de loix qui, n'étant que politiques, ne peuvent pas remplacer la loi naturelle ?

Que les André & les Maury répondent à ce raisonnement

J'en ferai d'autres bien plus forts contre eux, si la

Notre brave Mirabeau qui me demandoit, avant partir, la permiſſion de venir me viſiter, & qui m'a tant remercié d'avoir ſi fortement contribué à le faire nommer député de la Nation, a été trompé

---

néceſſité m'y oblige, & quoique divers membres Municipaux, & du Département ſoient ſi mal-à-propos enragés contre moi, je ſerai leur défenſe, & leur plus ferme ſoutien.

Mais je ne pardonnerai jamais à ces mêmes Municipaux ce qui eſt dans ma lettre du 13 du mois dernier, & encore moins ce que nous liſons dans le décret de notre auguſte Aſſemblée nationale du 8 & 9 Octobre 1789 ſur l'impuiſſance où ils ſe trouvoient eux-mêmes par rapport à notre juriſprudence criminelle, de juger le ſcélérat Paſcalis.

Ne devoit-ce pas être les notables de la Municipalité, à laquelle le Département avoit eu la gaucherie de renvoyer cette affaire, qui devoient prendre cette procédure, ainſi que l'art. 1, 2, &c. de ce même Décret, l'exige & le preſcrit?

Neanmoins, quoique dans la lettre des V. F. Anti-politiques, ces mêmes Freres faſſent entendre qu'ils s'employeront auprès de notre Auguſte Aſſemblée Nationale, pour faire deſtituer les Juges, ils s'aviſent ſeulement, pour les mieux faire marcher en regle, & conformément aux Décrets de cette même Aſſemblée, de les menacer par la demande de cette deſtitution.

Leur cœur eſt extrêmement porté à l'union & à la cordialité. Ils imitent très-parfaitement, & ils s'en font gloire, le Dieu d'Iſraël qui menaçoit beaucoup, & qui pardonnoit encore plus, ſans ſe livrer à aucune exécution vangereſſe.

Ce qu'ils diſent ici n'eſt pas controuvé d'après les troubles préſens, puiſque s'ils euſſent bien voulu cette deſtruction, y ayant déjà plus d'un mois que la lettre des Anti-politiques a été écrite au Département, ils l'auroient bientôt après envoyée à l'Aſſemblée Nationale.

par des lettres ſuborneuſes, & pleines de menſonges, pour opiner à ce que vous vinſſiez ici.

C'eſt depuis votre arrivée que la ſcélérate Ariſtocratie de cette ville m'en veut encore plus, mais je la défie de trouver aucune raiſon contre moi.

Je l'ai toujours abbattue elle & tous ſes chefs dans dix ouvrages que j'ai faits ici depuis 18 mois, & elle le ſera toujours.

Vous avez, Meſſieurs, conſeillé à nos Freres Anti-politiques de ne pas obſéder les corps Adminiſtratifs de tant de motions, ainſi que nos Juges auxquels ils en réſervent une des plus fortes ſous vos yeux.

Je garde, Meſſieurs, tous les originaux de toutes les motions que j'inſpire moi-même; je les ferai tous imprimer, & l'on verra s'il y a aucune de ces motions qui puiſſe embarraſſer la geſtion courante des divers Adminiſtrateurs que nous avons ici.

Jugez-en vous-mêmes encore par la même lettre des V. F. Anti-politiques, qui ne doit jamais ſortir de vos mains, par rapport à la radiation qui a été demandée, & ordonnée, & qui n'a pas encore été exécutée.

Il y a, Meſſieurs, des motions néceſſairement ingruantes, ſelon l'occurrence des cas, qui ne demandent aucun délai & qui ne peuvent être reparées par aucune reſponſabilité.

Falloit-il laiſſer le ſcélérat Paſcalis, en paix, pour achever ſa conſpiration exécrable, la veille de la Noël derniere.

Ayez la bonté de me répondre, Meſſieurs, là-deſſus, & voyez encore dans la lettre, tant de fois citée, ſi nos adminiſtrations ont raiſon de ſe dire OBSÉDÉES.

J'ai moi-même le ſoin & l'extrême ſoin de détourner les Anti-politiques de toutes les motions qu'ils voudroient faire, je les replie toujours ſur celles qu'ils ont déja miſes en avant contre divers Adminiſtrateurs de cette ville qui ne veulent y agir qu'en Deſpotes, & comme les anciens ſcélérats Procureurs du Pays que nous y avions, dont l'abominable conjuré Paſcalis avoit groſſi le nombre.

La ſeconde, *de ne pas ſe mêler de l'Adminiſtration*, parce qu'ils s'en ſont deſſaiſis entre les mains de ceux qu'ils ont pris pour chefs; mais eſt-ce que ces vénérables Freres ont jamais mis la main ſur les rênes adminiſtratrices, & en les confiant aux Adminiſtrateurs qu'ils ont créés, & qui ſont leurs fils, ont-ils abdiqué leur ſurveillance ſur eux?

Quand ils ſe voyent mal menés, n'ont-ils pas le droit de leur repréſenter que ce n'eſt pas ainſi qu'ils ont cru le devoir être?

La Société des amis de la conſtitution de Marſeille a-t-elle attendu que le ſieur Martin, fils d'André, fut ſoumis par elle aux rétractations qu'elle lui a fait ſubir, deux ans après qu'il ſe feroit démis de la Préſidence du Département des Bouches-du-Rhône!

Je reviens, Meſſieurs, à la priere de ne pas vous laiſſer prévenir, que j'ai eu l'honneur de vous écrire; elle eſt très-néceſſaire pour calmer les troubles que les malevoles veulent exciter ici contre moi.

J'ai craint, Meſſieurs, que par les doloſités

de ceux qui ont voulu vous y parler contre moi; vous ne vous laissassiez, parce que mon infirmité m'empêcheroit d'aller vous voir, envelopper dans les subtiles vapeurs qui émanent continuellement de divers membres de nos Administrations, & que vous ne redoutiez pas assez les sages avis que prête aux bons Freres Anti-Politiques l'homme auquel divers journaux de France attribuent le plus grand sçavoir, & l'ame la plus forte.

Il paroît, Messieurs, par les mots ESPRITS QUI ÉGARENT sortis de votre bouche vis-à-vis les Députés des Anti-Politiques, que vous ne venez pas de Paris.

Eh quoi ! mon nom ne rétentit-il pas dans cette Ville, ainsi que dans toute l'Europe ?

Lisez-vous Desmoulins ? ne l'avez-vous pas vu aux pag. 50 & 51 de son N°. 41, *aux genoux de mon profond sçavoir ?*

Ne l'avez-vous pas vu à la page 74 de son 54e, me *vouloir* à la place des *Voidel* & des *Mirabeau* qu'il trouve si insuffisans & si foibles, & m'appeller aux pages 77, 87 & 89 de ce même N°., son *fournisseur d'érudition* ? (1).

Me connoissez-vous, Messieurs, d'après ma Chronique littéraire dont je vous envoie un exemplaire, tel que l'Europe littéraire m'y présente ?

Me connoissez-vous encore par la lettre de M. votre Garde-des-Sceaux, du 10 Juillet 1789, qui est rappellée dans celle dont les Freres Anti-politiques ont eu l'honneur de vous remettre une copie, tel que je dois être considéré, & puis-je, par tous les grands & sçavants Ouvrages que toute l'Europe admire, dont vous trouverez la liste dans ma Chro-

(1) Voy. une addition à la fin de ces lettres.

nique littéraire, & que je vends très-cher, un esprit QUI ÉGARE ?

Ai-je paru tel à votre auguste Chef du pouvoir exécutif, lorsqu'étrangement surpris de la vaste & profonde érudition qui regne dans mes Livres, il m'a fait gratifier, en 1783, par un des Secretaires de sa femme, d'une lettre des plus honorables, en souscrivant pour deux exemplaires d'un nouvel Ouvrage dont je suis moi-même l'inventeur; c'*est mon Essai sur l'art de vérifier l'âge des Miniatures peintes dans des manuscrits, depuis le* 14 *jusqu'au* 17*e. siecles inclusivement*, in-fol. & enrichi de 26 planches gravées au simple trait, & peintes en or & en couleurs, dont le prix est de 600 liv.

Avez-vous lu alors, Messieurs, les sept Journaux françois & étrangers qui ont tant exalté ce Livre, soit du côté de son invention, soit pour la rectitude de ses idées, soit pour la fidélité scrupuleuse de ses costumes, soit enfin pour la richesse de l'érudition qui y sera versée ?

Voulez-vous donc, Messieurs, sur les vapeurs séductrices que la perfide Aristocratie d'Aix aura exhalées au-tour de vous, que la rectitude des idées qui fait tant valoir tous mes Ouvrages, dégénere & se change en curviligne, lorsque j'aurai le bonheur de diriger mes bons amis, & mes très-chers Freres les Anti-politiques ?

Ne serois-je pas alors le plus indigne des mortels, si je voulois les faire errer, contre nos Corps administratifs, dont divers membres s'attribuent l'inerrance fanatique des Papes, avec un sçavoir très-médiocre, & avec des idées très-bornées ?

Ne m'avez-vous pas, Messieurs, immolé vous-mêmes, en ſuivant les vapeurs dont je vous ai parlé; à la fureur de ce même peuple qu'on vous a peint comme ſi atroce, & qui m'eſt d'autant plus attaché, que les ſupercheries dont il voit que je ſuis entouré, lui inſpirent plus d'horreur pour la miſérable & barbare Ariſtocratie de cette Ville ?

Je finis enfin, Meſſieurs, ce *poſt-ſcriptum*, en vous priant de lire bien attentivement le paragraphe LXII *des Lettres-patentes du Roi pour la Conſtitution des Municipalités*, & vous y verrez ſi elles peuvent inhiber au peuple les pétitions qu'il a droit à tout moment de leur faire, ſelon l'occurrence des cas néceſſaires qui ſe préſentent. . . . . *Les Citoyens actifs ont le droit de ſe réunir paiſiblement & ſans armes, en aſſemblées particulieres, pour rédiger des adreſſes & pétitions, ſoit au Corps Municipal, ſoit aux Adminiſtrateurs de Département & de diſtrict, ſoit au Corps légiſlatif, ſoit au Roi*; &c.

Le nombre des pétitions que le peuple a droit de faire eſt-il limité dans ce paragraphe ? & y eſt-il obligé d'attendre les deux années de la reſponſabilité des Adminiſtrateurs, comme vous l'avez dit, Meſſieurs aux V. F. Anti-politiques ?

Ayez donc la bonté, Meſſieurs, de croire qu'il vaut mieux que les Adminiſtrations n'ordonnent rien, que ſi elles ordonnent mal.

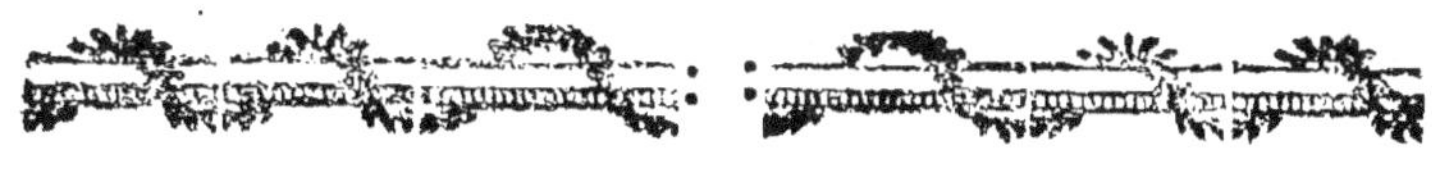

LETTRE DE L'ABBÉ RIVE A SON BON AMI, LE TRÈS-ILLUSTRE CAMILLE DESMOULINS.

MON TRÈS-ILLUSTRE FRERE, j'ai compris, par la maniere dont vous m'avez cité, principalement sur la page 74 de votre avant dernier N°., que vous vous occupez à présent tant soit peu de la lecture de ma *Lettre vraiment philosophique à l'Evêque de Clermont.*

Souffrez que je vous dise, avec amitié, que c'est un peu trop tard que vous en avez commencé la lecture, parce que vous auriez trouvé dans ce livre le plan primordial & l'esprit de la véritable révolution que nos honnorables législateurs auroient dû introduire en France.

On veut y voir régner la véritable philoſophie ; & au lieu d'y réduire le Chriſtianiſme en ſecte, en lui ôtant tous ſes indignes Prélats qui y ſont la cauſe infernale de tant d'anti-révolutions, on l'y conſerve comme la religion précieuſe de nos peres, & on a le malheureux aveuglement d'en ſalarier les Miniſtres & le culte aux dépens de toute la Nation Françaiſe.

Jamais erreur plus fatale aux Français, & plus convulſive contre la paix dont on veut y jouir.

On y ignore abſolument, ou on fait ſemblant d'y ignorer que c'eſt déshonorer le grand Dieu, que de lui prêter une révélation poſitive, ſur-tout je ne ſais combien de mille ans après la création du monde, & principalement pour le motif qu'on allégue.

Je n'ai encore trouvé aucun grand Philoſophe en France, & je n'y regarde que comme de petits Lapons, ces embryons dont votre graveur a fait une pyramide dans un des frontiſpices nouveaux de votre Journal.

C'eſt abſolument manquer de philoſophie, que de décrier le Chriſtianiſme, d'après ſes dogmes & ſes rits, comme les *Voltaire*, les *Diderot*, cachés ſous les noms d'un *Thomas Raynal*, &c.

Il faut entiérement l'abbatre comme un corps d'impoſtures, inventé par le Deſpotiſme, en démontrant aux peuples que ſa baſe répugne totalement à la ſageſſe infinie & à la juſtice ſouveraine de l'Etre ſuprême.

On a forgé pour la Nation Françaiſe une Déclaration des Droits de l'Homme, qui certainement n'étoit pas néceſſaire, attendu que chaque Français la portoit écrite dans ſon cœur, & les monſtrueux

Violets Calotins qui l'ont ſignée, ne ſe ſont pas apperçus qu'ils ſignoient en même tems leur deſtruction.

Si tous les hommes naiſſent libres & égaux, donc aucune croyance, donc aucune inſpiration n'ont & ne doivent avoir la puiſſance de les enchaîner ; donc il n'y a aucun inſpiré, ſans quoi tous les hommes ne ſeroient pas égaux ; donc aucun homme n'y a autorité, par ſon inſpiration prétendue, ſur les autres ; donc il n'y a aucune tradition à ſuivre de la part de ces prétendus inſpirés, parce qu'autrement il n'y auroit point de liberté ; donc *Géoffroy Vallée*, que le fanatiſme Romain & nos anciens bourreaux Parlementaires lanternerent, & brûlerent après, à Paris, entre les années 1570 & 1580, avoit raiſon de dire : QU'IL NE CONNOISSOIT PAS DE PLUS GRANDES BÊTES QUE LES PAPISTES ; donc il faut conclure du fanatiſme de cette ſorte de gens, que la ſageſſe de Dieu s'oppoſe à leur création.

Il eſt très-faux qu'on ne puiſſe extirper ce malheureux fanatiſme, & qu'on ſoit obligé de le conſerver pour lier les peuples.

C'eſt une malheureuſe idée qui a ſubjugué nos vénérables Légiſlateurs, à cauſe qu'ils ont plus humé les vapeurs ignorantes des Cours, qu'ils ne ſe ſont donnés la peine de vouloir connoître l'homme dans le cœur du Payſan & de l'Homme de campagne.

Ils n'ont pas ſçu imiter les *Egliſiers* qui ſont audacieuſement montés ſur la cime ſcélérate de terreur où ils ſont placés aujourd'hui, par la fraude que j'indique ſur les pages 404 & 405 de ma *Lettre vraiment philoſophique à l'Evêque de Clermont.*

Je crois avoir tout dit dans ce livre pour ruiner entiérement l'Edifice Presbytéral, & ramener le

Français, ainsi que tous les autres Européens, à la vraie félicité pour laquelle ils sont créés.

Nos augustes Députés devoient donc inventer des Décrets qui favorisassent cent fois plus les besoins très-urgens du Peuple, pour l'opposer totalement à la rage des Calotins VIOLETS, qu'ils ne l'ont fait.

Ce ne sont pas de simples droits facultatifs qu'il faut créer pour le peuple; il faut nécessairement l'affranchir, pendant tout le tems que durera l'inaffermissement de la nouvelle Constitution, de tous les impôts directs & indirects qui vont malheureusement porter sur lui.

Ce n'est qu'un pareil affranchissement qui peut stimuler l'ame du peuple à la véritable philosophie-politique de l'Empire Français.

Il ne croit à aucune des Fables du Fanatisme, & si, dans certaines circonstances malheureuses, il paroît y revenir, ce n'est que par les largesses que répandent sur lui les despotes & les fanatiques VIOLETS.

Si la Nation reste absolument maîtresse de toutes les propriétés Calotines & Despotiques, il faut qu'elle se signale par les plus grandes largesses envers le pauvre peuple.

J'ai le malheur de voir au contraire, dans la ville que j'habite, que les Membres du District & de la Municipalité favorisent les Calotins, en appropriant, sans reserve & sans distinction à la Nation, les biens qui ont été ravis à ces mêmes Calotins, pour abandonner son peuple aux besoins les plus urgens, & pour le laisser sous la chaîne du fanatisme & de l'aristocratie.

Le vin du Chapitre Métropolitain de cette ville ne pouvoit jamais s'y vendre, sans qu'au moins

la

la sixieme de sa valeur ne fût au profit de ce pauvre peuple.

Notre Municipalité, chargée par les premiers Décrets de notre auguste Assemblée de la dîme de ce vin, a négligé d'avertir notre District, lorsqu'il a été créé, de n'en prendre que cinq parties pour la Nation, & d'en laisser la sixieme pour le pauvre peuple, mais ce District très-injuste & très-inhumain n'a répondu aux gens de campagne de cette ville, qui s'érigeant, sous ma direction & sous mes lumieres, la veille de la Toussaint derniere, en *Assemblée particuliere des vénérables Freres Anti-politiques, c'est-à-dire, des hommes vrais, justes & utiles à la Patrie*, que d'une façon très-cruelle, en leur disant mille absurdités sur la représentation qu'ils lui faisoient.

Ce vin est monté à la somme de 24,000 liv. Voilà donc 4000 liv. volées à ce pauvre peuple qui est dans la derniere misere, & auquel les Aristocrates & les fanatiques Calotins auroient inspiré la fureur de me faire couper la tête à moi tout le premier, & égorger tout le reste des bons citoyens de cette ville, à la veille de la Noël prochaine, en lui faisant des largesses des biens qu'ils ont volés depuis tant de tems à la Nation.

Puisque je vous parle ici de ce coupement de têtes, il est à propos que je vous fasse remonter au complot infernal que les Aristocrates de ce pays avoient formé depuis deux ans au moins contre les excellens patriotes.

Aiguillonnés & attisés sous main, par un mitrophore des plus scélérats qu'il y ait dans l'Assemblée Nationale, qui a excité ici avant d'y aller, le 25 Mars de 1689, une émeute violente, ainsi que je le donne à conclure dans la page 74, des notes de ma *lettre vraiment Philosophique à l'Evêque de Clermont*, & qui a eu la frénésie de s'opposer à tous les Décrets patiriotiques de cette même Auguste Assemblée, aveuglés par les *rabulas* de la cour souveraine que nous avions ici, les plus fourbes & les plus acharnés contre la révolution, & incendiés par les plus terribles Aristocrates qui avoient corrompu par argent & en autres mille manieres, la plus grande partie des Officiers & des Soldats du Régiment de Lyonnois, qui étoit en garnison ici depuis trois ans, ainsi que quarante trois villages qui devoient venir fondre sur nous, les Anti-patriotes de cette Ville avoient marqué toutes les portes des victimes qu'ils vouloient faire assassiner au milieu de la nuit de la veille dont je vous ai parlé;

Mais comme par un bonheur que je regarde comme divin, mon infirmité ne lie que ma jambe & mon bras droits, & qu'elle communique à mon esprit encore plus d'effervescence qu'il n'avoit à l'âge de 30 ans, j'avois eu l'avantage de former le 31 Octobre dernier, ma Vénérable assemblée debraves artisans & de gens de campagne de cette Ville, j'avois déjà commencé dans la premiere quinzaine de l'établissement de cette Assemblée, de lever leurs yeux très-attentivement sur l'incendiaire, que ces Anti-patriotes scélérats avoient lancé dans notre chambre des vacations, pour prophétiser une Anti-révolution comme très-prochaine.

Ces yeux levés s'ex[illegible]i erent tout-à-coup comme par une inspiration des plus subites.

Le samedi 11 du courant, les monstres avoient

été avertir la Municipalité, qu'il devoit se former ici le lendemain une nouvelle ASSEMBLÉE PARTICULIERE DES AMIS DE LA RELIGION, DE LA PAIX, ET DU ROI.

La nouvelle formation de cette Assemblée excita le lendemain celle *des amis de la Constitution* à venir réclamer une alliance offensive & défensive avec celle qui se fait une gloire inviolable de se conduire par mes grandes lumieres patriotiques.

Le bonheur de cette alliance amena chez moi dix Députés de cette Assemblée & dix autres de celle qui veut bien daigner me consulter.

Cette réunion de Députés m'enflamma d'un si grand zele, sur les 7 heures du soir, que j'inspirai tout-à-coup à ces vingts Députés nationaux d'aller enlever l'incendiaire *Pascalis* de la campagne enragée où il s'étoit retiré, qui est environ à trois quars de lieue de cette Ville, & dont le maître, cet insatiable voleur de l'or de la Province, est aujourd'hui décrété de prise au corps, de saisir tous ses papiers, & de venir le jetter dans les fers, parce qu'alors ils tiendroient dans la main la mêche de la très-orageuse conspiration.

Mon excitation fut suivie du plus grand succès : à 11 heures du soir, c'est-à-dire, environ 4 heures après, ce scélérat fut enlevé à l'horrible manoir où il se faisoit garder, dans la journée, par une cinquantaine de paysans de la campagne, accoquinés par l'or de l'horrible Décrété de prise au corps, dont je viens de vous parler, dont le nom cruel est celui de *Mignard*, qui avoit exercé auparavant ici l'état de maître entrepreneur de voyages sur charretes, & qui est devenu après le beau-pere de ce *très-joli Député* que les nobles non fieffés (1) de cette ville, ont envoyé à notre Auguſte Aſſemblée Nationale, & qui s'appelle *André*, parce qu'on déſireroit de le voir comme ce Saint, expirer ſur une Croix, ainſi que vous en jugerez par ſa lettre du 12 Octobre dernier, qu'on a trouvée dans les papiers de cet incendiaire *Paſcalis*, que votre infortuné *Linguet* a tant tâché de faire valoir dans le tom. 17, de ſes *Annales politiques*, N°. 138, pag. 38.

Je vous envoye à préſent la copie de cette lettre avec les mots ſoulignés qui en font la véritable condamnation, & qui doivent exciter contre ce ſcélérat la juſte indignation de notre Auguſte Aſſemblée Nationale, & celle de tous nos Freres Patriotes de Paris.

Le lundi ſuivant le peuple vouloit le mettre tout de ſuite à la lanterne ; mais comme ce bon peuple a une confiance extrême en moi, il me laiſſa imprimer le même jour la lettre que je vous envoye, & dont je vous enverrai mille exemplaires, ſi vous le ſouhaitez, pour les répandre dans toute la France.

Cette lettre ſuſpendit la violence dans laquelle les Anti-patriotes qui avoient peur d'être découverts,

(1) Ce prétendu noble non FIÉFFÉ, deſcend depuis un tems qui n'eſt pas long, d'un vil frippier, & par une commiſſion qu'il avoit extorquée auprès de St. Prieſt, il eſt venu l'an paſſé en Provence pour s'y mettre dans la plus exécrable abomination vis-à-vis des généreux & excellens Patriotes de Toulon, de Marſeille & D'Aix, dont la plupart l'on couvert de dénonciations, les plus appuyées, les plus prouvées & les plus funeſtes auprès de notre auguſte Sénat.

par les propos de *Pascalis*, l'avoient mis ; & ils porterent d'eux-mêmes cette lettre à notre Département,

Mais par un accident des plus heureux, une longue suite de milice Nationale de Marseille aborda le même jour vers les deux heures après midi dans cette Ville.

Cette généreuse Milice qui possède à fonds le droit naturel & le droit public, prévoyant très-excellemment toutes les conséquences qu'il y auroit à craindre, pendant tout le tems que cet exécrable malheureux seroit conservé dans les prisons, vouloit aussi le lanterner le même jour ; mais comme elle devoit recevoir du renfort le soir même, elle trouva très-à-propos de différer jusqu'à dix-heures du matin du lendemain. Portée alors malgré elle, & d'une maniere inextricable, par une populace d'une immensité inconcevable, elle vint lui faire servir de beau support à une des principales lanternes du milieu de notre Cours, qui étoit située entre une maison que je ne veux pas désigner & la sienne.

On lui coupa la tête après, & on la porta à ce que les uns disent, à deux lieues & demie d'Aix, les autres, à Marseille, pour qu'un corps si horrible restât éternellement séparé de l'exécrable tête qui l'animoit.

Les sentimens des Marseillois furent guidés par la raison la plus judicieuse.

Si ce monstre n'eut été étranglé tout de suite on l'eut empoisonné dans sa prison, puisqu'en le conduisant à la lanterne, on trouva dans ses poches & même dans sa bouche des pastilles d'arsenic ou d'opium qu'il machoit.

C'étoit ainsi que les Anti-patriotes avoient résolu de le dépêcher, & quand on l'eut lanterné, le bourreau, par un bonheur indicible, trouva dans une de ses poches une lettre énygmatique, qui servira à toute la France, pour juger de la conspiration que les nouveaux Musiciens, (c'est ainsi que les conjurés s'appelloient) tramoient dans tout l'Empire François. Les très-judicieux Marseillois, qui le firent appendre au-dessous d'une lanterne, prévinrent un massacre qui seroit nécessairement arrivé le vendredi ou le samedi d'après aux 20 Députés qui l'auroient conduit à Paris, par divers membres du Régiment de Lyonnois.

Ce Régiment fatal renvoyé d'Aix, a été placé par notre Municipalité aveuglée par les aristocrates, à Lambesc, qui est à trois lieues d'Aix, sur la route de cette Ville à Paris, de façon que Pascalis, traduit d'Aix aux prisons de l'Abbaye de St. Germain-des-Prés, auroit été sauvé par de détestables sujets de ce Régiment, & que les Gardes Nationnaux qui l'auroient accompagné, en auroient été hachés par morceaux.

Quand ma tête devroit être encore plus coupée, je me féliciterai toujours d'avoir sauvé celles de tant de Patriotes dont j'admire les vertus & le courage.

Depuis le 12 du courant les bons Patriotes de cette Ville sont harassés de fatigues & privés de sommeil. Il y en a même parmi eux qui sont accablés d'infirmités, & qui, nonobstant cela, se roulent avec le reste des bons Patriotes dans toutes les recherches & les fouilles que l'on fait ici depuis lors.

Ce que je vous écris, mon très-cher frere, est la pure vérité. C'est d'après des témoins oculaires & auriculaires que je forme ma missive, & comme je n'ai que des Anti-Politiques, c'est-à-dire, des hommes vrais au tour de moi, c'est la seule vérité qui dirige ma plume.

Vous pouvez faire imprimer ma lettre & justifier en toute sûreté, vis-à-vis du public, mes très-chers & vénérables Freres Anti-Politiques, sur l'assassinat de Pascalis qu'on voudroit leur reprocher.

Ainsi, mon très-cher frere, je vous conjure de retracter plusieurs erreurs qui vous sont échappées par rapport à diverses anecdotes qui se sont glissées dans vos Numéros précédens, touchant cette Ville, & nommément à la pag. 397 de votre quarante-huitieme N°.

Vous y avez dit que c'étoit tout l'ordre des Avocats de cette Ville qui a fait sur la tombe de nos malheureux & infernaux Robins, la protestation séditieuse du fanatique *Pascalis*. Sçachez que cela est très-faux, & qu'il y a au moins un bon tiers d'Avocats de cette Ville qui n'y ont point trempé, & qu'il n'y a eu que douze proscrits de cet Ordre, qui sont aujourd'hui tous fugitifs, qui aient approuvé cette protestation.

Recommandez, je vous prie à votre ami *Linguet*, d'après la pag. 194 de ma *Chronique Littéraire*, que je vous envoie, d'être à l'avenir beucoup plus circonspect, quand il voudra parler, d'après de fausses suggestions que quelques monstrueux Députés de notre auguste Assemblée Nationale auront eu la méchanceté de lui fournir, de nos incendiaires, tels que le Chef des conjurés, Pascalis, d'une maniere plus conforme à la vérité, parce que tant que je vivrai, je lui donnerai des démentis formels.

J'ai dans mes papiers à lui en fournir une énorme quantité, depuis environ 23 ans, sur toutes sortes de matieres, & mes démentis sont d'autant plus terribles, qu'ils sont tous forgés par le marteau de la vérité.

La lettre que je vous écris est assez longue; je la finis en vous priant de bien lire celle que j'ai écrite en Août dernier aux Gardes nationales de Lyon, & qui est imprimée à la suite de mon *Opuscule*, intitulé : *La Ligue Monachale Anti-éléémosynaire* : sortie de la presse environ deux mois avant ma *Chronique littéraire.*

Lisez-en bien, si vous voulez être encore plus Nationaliste que vous ne l'êtes, outre cette lettre, les pages 11, 12, 27 & 28 de cet *Opuscule*, & vous apprendrez quelle est à présent la liberté des François & la Religion qu'il faut établir parmi eux, en secourant les besoins des peuples.

Vous anéantirez totalement le despotisme & les Violets.

Adieu, mon très-cher Frere, aimez-moi autant que je vous aime.

Ce 22 Décembre 1790.

POST-SCRIPTUM.

JE vous ai parlé dans cette lettre de *Thomas Raynal.* Je vous en joins ici une autre que j'ai écrite par rapport à cet insecte littéraire contre les deux parties de notre Assemblée nationale, contre le petit Seguier, ancien Avocat-Général du Parlement de Paris, contre ce même Parlement, contre votre

votre *bon ami Malouet*, & contre *Thomas Raynal* lui-même.

Faites-moi le plaisir de l'imprimer dans un de vos Nos., afin d'apprendre aux François quel est l'esprit qui doit les diriger.

Vous me ferez encore celui de communiquer cette lettre à vos Jacobins amis de la Constitution.

Si je ne l'ai pas adressée à eux-mêmes, c'est que je suis très-ébahi, que les honnêtes citoyens de cette Assemblée ne m'aient pas voué des remercimens pour ma *Lettre* excessivement nationale, & que j'ai droit de qualifier étonnamment sçavante *à l'Evêque de Clermont*, (1) sous le titre de Lettre *vraiment philosophique*, envoyée à ce Prélat.

Je n'ai pas manqué d'en envoyer à divers membres de cette Société divers exemplaires. Ils ont cru que le foyer des lumieres nationales est uniquement concentré dans eux-mêmes, sans penser que j'ai apporté de Paris ici les connoissances les plus fortes sur la capacité de ceux que j'y ai laissés.

Qu'ils sçachent que je ne connois dans l'Europe aucun homme de Lettres en état de me réfuter.

C'est ce que vous trouverez vous-même parfaitement démontré dans ma *Chronique littéraire* dont je vous fais présent.

Vous y lirez, très-cher Frere, ma réponse à la très-plaisante maniere dont il vous a plu rendre compte de cette *Lettre vraiment philosophique*, &c., pag. 234 & 235.

Vous me ferez un très-grand plaisir, si vous avez pour moi autant d'amitié que pour le Patriote Berquin, de l'annoncer au public de la maniere qu'elle

(1) Voyez la pag. 214 du No. 59 de Desmoulins.

doit être annoncée ; car ce que vous en avez dit eſt paſſé ici pour une franche ironie.

Pour moi, je ne l'ai pas pris ainſi, ſur-tout depuis la table qui eſt dans votre dernier N°., de l'an paſſé. répondante au N°. 41 de votre Journal de la même année.

Il faut que je vous donne une plaiſante anecdote par rapport aux Coujurés qui ſont à Nice. Ils étoient au troiſieme jour d'une Neuvaine qu'ils célébroient pour la réuſſite de leur complot, lorſqu'ils apprirent les trois pendaiſons, & ſur-tout celle de leur fameux énergumene Paſcalis, qui avoient été faites ici le 14 du courant. Cette nouvelle fut pour eux un coup de foudre. L'effroi qui les ſaiſit les diſperſa au loin dans des lieux iſolés.

Que dites-vous, mon très-cher Frere en amour pour la Patrie, d'une Neuvaine de cette eſpece?

Des prieres ſi ſcélérates & ſi abominables ne notifient-elles pas à toute la terre que la prétendue Religion que ces malheureux nous prêchent, ne peut abſolument être dlvine, & qu'elle n'a été forgée que par des êtres les plus exécrables?

Croit-on la faire valoir par des crimes auſſi horribles? Non, non, mais on la détruit entiérement par-là, & j'ai eu raiſon de dire dans ma *Lettre vraiment philoſophique à l'Evêque de Clermont*, d'après mon *Ode ſur la liberté naturelle*, &c., pag. 148, que

Ces jours ſont diſparus, où des voiles funébres
Aſſocioient le Ciel à votre cruauté :
La raiſon ne voit plus à travers ces ténébres
Que des crimes prêtés à la Divinité.

Ces Vers s'adreſſent aux tyrans, aux deſpotes & aux fanatiques.

ADDITION

Tirée des pages 297, 298 du 59e. N°. de Desmoulins, pour la page 26 de mes trois dernieres Lettres.

J'Ai fait plusieurs fois une mention honorable (*sic*) de l'Abbé Rives (*sic*); je le connoissois pour une des meilleures lames de la Philosophie.

Il n'est athlete, allant à sa rencontre,
Fort de jarret qui puisse tenir contre.

Combien de fois, dès avant le schisme des amis du Roi & des amis du peuple, il avoit fait mordre la poussiere à l'Abbé Royou ! Horace parle d'un Tigellius, fameux Chanteur, qui faisoit des roulades depuis les *œufs* jusqu'à la poire, *ab ovo usque ad mala.* (*sic*) Nous avons vu l'Abbé Rives (*sic*) disputant chez Mr., contre le Curé de St. André-des-Arcs, après l'avoir entrepris le samedi bien avant le fromage, être surpris par l'étoile du matin, bataillant encore, & ne le lâcher que le lendemain dimanche au troisieme coup de sa Grand-Messe. Je sçavois bien que l'Abbé Rives (*sic*), après avoir pressé son Adversaire de la subtilité de sa dialectique, l'accabloit encore par la masse de son érudition; que s'il avoit voulu (*sic*), il eût été à son choix l'aigle de la Sorbonne, ou la perle des Bénédictins. La Lettre qui suit va montrer notre cher Abbé Rives (*sic*) devenu sur ses vieux jours tribun du peuple à Aix, prouvant que la Science est bonne à tout, exerçant une dictature de confiance, & ne se servant de l'empire que lui donne sur les esprits son patriotisme éprouvé & irréprochable, soutenu de grandes lumieres, que pour le bonheur du peuple. On va voir ce vénérable Bibliothécaire des ci-devant Etats de Provence, perclus de tous ses membres, dont la chaleur, le mouvement & la vie semblent s'être retirés vers la tête & le cœur, n'ayant de libre que la langue, couché sur son grabat, où ce n'est point l'ambition ni *sic*) l'intérêt, mais le saint amour de l'humanité & de la Patrie qui peut seul l'enflammer, dictant des Arrêts, & comme Jupiter fait trembler l'olympe quand il fronce le sourcil, faisant trembler les Aristocrates quand il souleve la tête sur son oreiller, & à 20 lieues à la ronde!, plus craint lui seul qu'un comité de recherches.

www.ingramcontent.com/pod-product-compliance
Lightning Source LLC
LaVergne TN
LVHW020245230826
846091LV00006B/2253

9782011287830